Fiche de lecture

Document rédigé par Catherine Nelissen
maître en langues et littératures françaises et romanes
(Université libre de Bruxelles)

Un barrage contre le Pacifique

Marguerite Duras

lePetitLittéraire.fr

Rendez-vous sur lePetitLittéraire.fr et découvrez :

- plus de 1200 analyses
- claires et synthétiques
- téléchargeables en 30 secondes
- à imprimer chez soi

Code promo : LPL-PRINT-10

10 % DE RÉDUCTION SUR www.lePetitLittéraire.fr

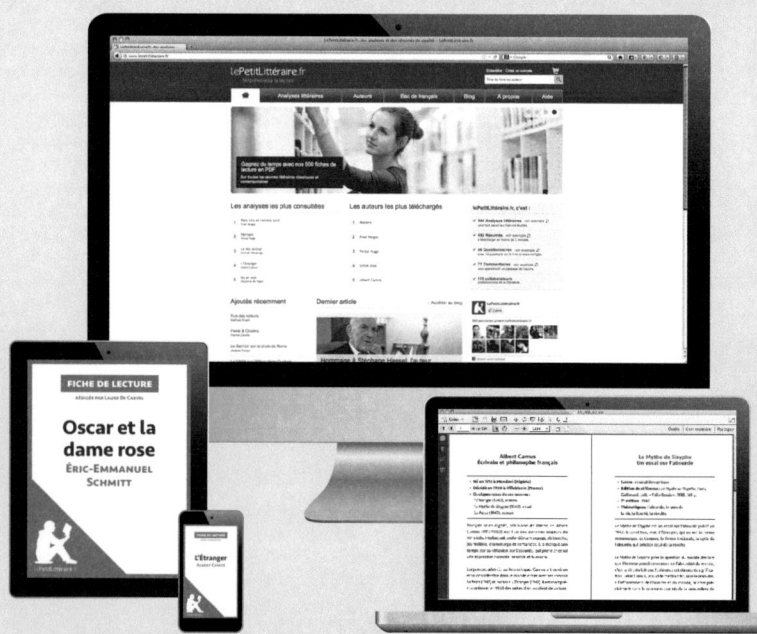

RÉSUMÉ 6

ÉTUDE DES PERSONNAGES 9
La mère
Joseph
Suzanne
M. Jo
Carmen

CLÉS DE LECTURE 13
Un roman de facture classique
Une forme proche du théâtre et du cinéma
La dénonciation du système colonial

PISTES DE RÉFLEXION 17

POUR ALLER PLUS LOIN 19

Marguerite Duras
Écrivaine, dramaturge et cinéaste française

- **Née en 1914 à Gia Dinh (Indochine)**
- **Décédée en 1996 à Paris**
- **Quelques-unes de ses œuvres :**
  Un barrage contre le Pacifique (1950), roman
  Le Ravissement de Lol V Stein (1964), roman
  L'Amant (1984), roman autobiographique

Marguerite Duras (1914-1996), née Donnadieu en Cochinchine (ancienne région de l'Indochine française), est l'un des auteurs les plus originaux et les plus marquants du xxe siècle. Prônant une écriture épurée, elle utilise des personnages récurrents et établit l'ensemble de son œuvre autour des thèmes fondamentaux de la mémoire et de l'oubli, ainsi que de la réécriture et de la destruction. Ses romans les plus célèbres et les plus étudiés sont *Un barrage contre le Pacifique* (1950), *Moderato cantabile* (1958) et *L'Amant* (prix Goncourt en 1984). Elle s'adonne aussi au théâtre (*La Musica*, *L'Éden cinéma*) et au cinéma, où elle impose un style très personnel et radical (*India Song* ; *Détruire, dit-elle* ; *Le Camion*).

Un barrage contre le Pacifique
Un roman du souvenir

- **Genre :** roman
- **Édition de référence :** *Un barrage contre le Pacifique*, Paris, Gallimard, coll. « Folioplus classiques », 2005, 384 p.
- **1re édition :** 1950
- **Thématiques :** pauvreté, mariage, colonisation, argent

Un barrage contre le Pacifique, paru en 1950, est un roman d'inspiration autobiographique. Il relate la vie d'une mère et de ses deux enfants : Joseph et Suzanne. Propriétaire d'une concession incultivable, la mère tente par tous les moyens de s'en sortir. Elle entretient le rêve de construire un barrage contre le Pacifique, qui inonde chaque année ses terres. Vivant dans la misère et la lassitude, elle souhaite un avenir meilleur pour ses enfants, avec lesquels elle entretient une relation d'amour-haine. Ce récit proche de la jeunesse vécue par Marguerite Duras dénonce avec force le système colonial.

RÉSUMÉ

Après le décès de son mari, une veuve malade résidant dans la plaine de Kam, en Indochine, en 1931, a acquis un terrain dont elle pensait pouvoir vivre et dont elle a découvert au contraire qu'il était incultivable. Flouée par les agents coloniaux qui lui ont pris tout ce qu'elle possédait en échange de cette terre aride, elle se voit contrainte de vivre dans la pauvreté et la solitude d'un bungalow isolé avec ses deux enfants – Joseph, vingt ans, et Suzanne, qui en a dix-sept. Alors qu'elle s'enlise et entretient le rêve utopique de construire un barrage contre le Pacifique qui inonde sans cesse le terrain, ses enfants, quant à eux, fuient la misère de leur quotidien et espèrent rencontrer un jour un homme ou une femme riche, qui pourra leur faire quitter la concession.

Toutes les semaines, Joseph et Suzanne se rendent à Ram pour voir du monde et s'amuser, trainant avec eux leur mère et son caractère acariâtre. Un jour, ils font la connaissance de M. Jo, un jeune planteur du Nord, riche mais laid, qui jette aussitôt son dévolu sur Suzanne. Consciente de l'intérêt que revêt pour eux un possible mariage, la mère accepte que M. Jo vienne leur rendre régulièrement visite.

Le jeune planteur désespère : entretenant l'espoir d'une union, il se voit retenu par l'autoritarisme de son père et l'absence de réaction de Suzanne. Comprenant rapidement que Suzanne ne s'intéressera jamais à lui pour sa personne, M. Jo utilise sa fortune comme appât et multiplie les cadeaux. Lorsqu'il lui offre un phonographe, la jeune femme ne montre aucune reconnaissance et donne le magnifique objet à son frère, passionné de musique. Mais l'attirance de cet homme laid pour sa sœur dégoute Joseph qui, détestant M. Jo, décide de jouer cartes sur table : soit celui-ci épouse Suzanne, soit il s'en va. À chacune de ses visites, M. Jo tente d'obtenir d'elle ce qu'elle ne veut pas lui donner : son corps et son amour. Et lorsque l'adolescente accepte de se montrer nue, c'est uniquement pour arriver à ses fins : un mariage riche constituerait pour elle une issue de secours. Lorsque M. Jo offre un diamant à la jeune fille en espérant ainsi l'attirer pendant huit jours en ville, c'en est trop pour Joseph qui se met en colère. On dit au prétendant de ne plus revenir et la mère s'empare du diamant, dont elle compte se servir pour payer ses dettes : selon M. Jo, il vaut 20 000 francs.

Joseph, Suzanne et leur mère se rendent en ville dans le but de vendre le diamant, et logent à l'hôtel Central, dont la patronne, Carmen, est une des innombrables amantes de Joseph. Mais, très vite, ils comprennent que leur espoir est vain : la pierre contient un défaut qui diminue sa valeur de moitié. Pendant que sa mère fait le tour des diamantaires, Suzanne se lie avec Carmen qui, prise de sympathie pour la jeune fille, l'encourage à aller se promener seule dans les rues de la ville blanche, où vivent les riches colons. Suivant son conseil, Suzanne sort, tous les jours, non pour se balader, car les gens lui semblent étranges et hostiles, mais pour aller au cinéma.

En rentrant à l'hôtel, un soir, elle tombe sur M. Jo qui l'a cherchée partout. Lorsqu'il tente une nouvelle fois à obtenir ses faveurs, elle le repousse définitivement.

Constamment absent de l'hôtel, Joseph, quant à lui, sillonne la ville, menant une vie mystérieuse dont Suzanne et la mère ne savent rien. Il finit par trouver un acheteur prêt à donner les 20 000 francs voulus par la mère pour le diamant : il s'agit d'une femme bien plus âgée que lui qu'il a rencontrée au cinéma avec son mari. L'attirance qu'ils ont immédiatement sentie l'un pour l'autre les a poussés à souler le mari pour s'enfuir à deux. La femme promet à Joseph de venir le chercher à la concession dans peu de temps. Après avoir payé une partie de leurs dettes avec l'argent du diamant, la mère, Suzanne et Joseph rentrent chez eux.

À voir l'état d'agitation dans lequel se trouve Joseph, la mère et à Suzanne comprennent qu'il va bientôt partir. Il leur avoue son amour pour cette femme qu'elles ne connaissent pas et, quelques jours plus tard, les quitte avec la belle inconnue. Quant à Suzanne, elle attend son tour et se rapproche de Jean Agosti, un bel homme des environs. Mais sa mère décède, mettant à mal ses plans. Revenu pour l'enterrement, Joseph propose à sa sœur de partir avec lui. Malgré l'affection qu'elle ressent pour Agosti, elle s'empresse de s'enfuir, réalisant ainsi son vœu le plus cher.

ÉTUDE DES PERSONNAGES

LA MÈRE

C'est un personnage complexe, positif et négatif à la fois. Ancienne institutrice qui a suivi son mari en Indochine dans l'espoir de vivre une existence exotique, elle se retrouve seule avec ses deux enfants suite au décès rapide de l'homme qu'elle aimait. Jeune veuve, elle se voit forcée de décrocher des petits boulots pour pouvoir nourrir sa famille. Elle achète une concession au bord du Pacifique, espérant de bonnes récoltes, mais découvre vite que le terrain dans lequel elle a investi toutes ses économies est incultivable, sans cesse envahi par un océan qu'elle décide de combattre. Elle implique alors la population locale dans la construction d'un barrage qui serait bénéfique à tous. Mais celui-ci cède sous les premières vagues, des crabes ayant attaqué de leurs pinces le bois fraichement coupé.

Le malheur et la misère accompagnent la mère tout au long de l'histoire. Elle ne se nourrit que de fantasmes, croyant en la réalisation d'un barrage plus solide alors qu'elle ne possède ni l'argent, ni les moyens pour retenter l'expérience. Elle vit dès lors dans l'obsession de l'argent et de connaitre une fin heureuse. Les gens la perçoivent comme « un monstre dévastateur » capable d'entrainer ses enfants dans sa folie :

> Elle avait eu tellement de malheurs que c'en était devenu un monstre au charme puissant et que ses enfants risquaient, pour la consoler de ses malheurs, de ne plus jamais la quitter, de se plier à ses volontés, de se laisser dévorer à leur tour par elle. (p. 146)

La mère entretient une relation d'amour-haine avec ses enfants : sa violence à leur égard se double d'un instinct protecteur, particulièrement perceptible lors des repas. Nourrir ses enfants est pour elle la plus grande preuve d'affection. Elle incarne la figure mythique de la mère nourricière qui sustente les siens, les pauvres et la terre, effectuant sans cesse de nouvelles plantations. Elle meurt seule d'une maladie physique et psychique qui la rongeait.

JOSEPH

À 20 ans, c'est un jeune homme fort et brutal, mais également affectueux à la fois. Ses fréquentes parties de chasse en forêt se conjuguent à sa passion pour les quatre vieux disques qu'il fait tourner en boucle sur son phonographe. Joseph est un garçon simple : peu intelligent, il résout les problèmes à la force de ses bras. Lorsque les agents du cadastre viennent inspecter la concession, les menaçant d'expulsion, Joseph n'hésite pas à sortir sa carabine et à tirer. Sa vulgarité ne l'empêche cependant pas de mettre toutes les filles des environs dans son lit.

Brusque envers sa sœur, il l'affectionne pourtant beaucoup. Il l'emmène partout avec lui et se sent obligé de la protéger. C'est lui qui lance l'ultimatum à M. Jo pour qu'il se décide à épouser Suzanne et c'est encore lui qui pousse le prétendant à déguerpir quand il apprend que ce dernier essaie d'abuser de sa sœur. Finalement, il est celui qui emmènera Suzanne loin des malheurs et de l'ennui liés à la concession. Au cours du récit, il se libère progressivement de l'emprise de sa mère, qu'il chérit, pour finalement s'échapper avec une femme.

SUZANNE

Jeune fille de 17 ans, Suzanne est une forte tête. Admirée pour sa beauté, elle vit avec une idée fixe : celle de voir un jour une voiture s'arrêter, avec à son bord un beau chasseur prêt à l'emmener loin du bungalow qu'elle a toujours connu. Toutefois, son désir de liberté se heurte à sa soumission envers sa mère. Sans cesse victime des insultes et des coups de cette dernière, son respect pour elle n'en demeure pas moins. Consciente de la vie d'injustices qu'elle a connue, elle se plie à ses volontés : lorsque la mère affirme qu'un mariage avec M. Jo serait une bénédiction, Suzanne accepte la situation et abandonne la décision à son prétendant.

Mais, au cours du récit, la jeune femme se libère : elle découvre son pouvoir sur les hommes et s'initie à l'amour. Elle rejette alors définitivement M. Jo et se laisse aller dans les bras de Jean Agosti. Ses rêves restent cependant les plus forts. Elle demeure fidèle à elle-même et à sa volonté première en quittant la concession avec son frère.

M. JO

Jeune planteur du nord de l'Indochine, M. Jo est le seul héritier d'un homme extraordinairement riche et autoritaire. Soumis à la volonté de son père, M. Jo ne peut prendre seul la décision de se marier avec Suzanne, belle mais pauvre. Il refuse cependant la réalité, et s'enferre dans un amour qu'il sait non partagé et sans issue. Son attirance pour Suzanne est très forte, presque douloureuse. À chacune de ses visites, il tente avec effort et par d'innombrables prières d'obtenir ne serait-ce que la vue de son corps nu. Sa laideur s'oppose à la beauté de la jeune fille, qui joue avec lui. Il connait les ambitions de celle-ci et de sa famille, mais n'en poursuit pas moins son espoir utopique d'une union heureuse. Victime de la froideur de Suzanne, des insultes de Joseph et de la détermination avide de la mère, il encaisse avant de disparaitre, évacué d'un simple revers de main par Suzanne, lors de sa dernière entrevue avec elle en ville.

CARMEN

C'est la voluptueuse patronne de l'hôtel Central où logent la mère, Suzanne et Joseph lors de leur escapade dans la ville blanche. Ancienne maitresse de Joseph, elle est une figure symbolique du désir. Elle incarne le fantasme, ses jambes à elles seules parvenant à éveiller le désir de tous les hommes: «On pouvait coucher avec Carmen rien que pour ces jambes-là, pour leur beauté, leur intelligente manière de s'articuler, de se plier, de se déplier, de se poser, de fonctionner.» (p.138) Elle est celle qui pousse Suzanne à expérimenter les délices de la vie. Elle lui fait prendre conscience de sa féminité.

CLÉS DE LECTURE

UN ROMAN DE FACTURE CLASSIQUE

Un barrage contre le Pacifique est un roman à la construction plutôt classique, s'apparentant au roman réaliste par plusieurs aspects :

- il offre une peinture détaillée d'un lieu et d'une époque particuliers : l'Indochine française des années vingt. À la beauté sauvage de la plaine de Kam que nous dépeint la première partie du roman fait face la description pointilleuse de la richesse de la ville blanche dans la seconde partie. La classe des pauvres colons à laquelle appartiennent la mère et ses enfants nous est décrite dans toute sa misère avant que celle des colons les plus fortunés ne vienne compléter le tableau fidèle du système colonial ;
- les personnages possèdent une épaisseur réaliste en corrélation avec l'étude de milieu à laquelle se livre Marguerite Duras. La mère, Joseph et Suzanne représentent la classe la plus pauvre parmi les colons, celle qui est venue s'installer en Indochine en espérant une vie exotique et meilleure qu'en France, et qui s'est retrouvée victime du système colonial. M. Jo et le couple que rencontre Joseph en ville sont les représentants de cette aristocratie coloniale vivant dans une blancheur contrastant avec la pauvreté locale.

Un barrage contre le Pacifique est en outre un roman familial, centré autour du personnage de la mère : sa mort met fin au récit. Marguerite Duras inscrit ainsi son roman dans une tradition narrative mettant une évolution familiale au cœur du récit. L'histoire tourne autour des relations d'amour, de violence et de pouvoir existant entre la mère et ses enfants. Le roman raconte l'agonie maternelle en même temps que la libération de Joseph et de Suzanne qui se dégagent de la domination de leur mère et décident de voler de leurs propres ailes.

Un barrage contre le Pacifique est donc aussi un roman d'apprentissage, montrant l'évolution positive des deux jeunes gens de l'histoire : en quelques semaines (la durée du récit), ils s'émancipent. Mais cet apprentissage se réalise dans le drame.

UNE FORME PROCHE DU THÉÂTRE ET DU CINÉMA

Si *Un barrage contre le Pacifique* constitue un roman de facture plutôt classique, une certaine modernité n'en transparait pas moins dans la narration. Cette modernité s'exprime dans la construction du roman autour d'une intrigue constituée d'épisodes successifs dans lesquels on relève une présence forte du dialogue. Cet usage important du dialogue et le caractère dramatique de l'action rendent le récit proche du théâtre et du cinéma, ce dernier se développant beaucoup au XXe siècle. On remarque ainsi de nombreux traits propres aux films et aux pièces de théâtre dans *Un barrage contre le Pacifique*. En outre, en plus de l'importance du dialogue et de l'action dramatique, les lieux sont toujours décrits avec précision (on plante à chaque fois le décor, par exemple p. 133), et les faits et gestes des personnages sont dépeints dans le détail. Enfin, la langue utilisée par Marguerite Duras dans ses dialogues est une langue parlée. Les mots écrits pourraient tout aussi bien être dits, prononcés par des acteurs sur scène :

> – Ca fait combien de chevaux une bagnole comme ça ?
> – Vingt-quatre, dit négligemment M. Jo.
> – Merde, vingt-quatre chevaux… (p. 37-38)

LA DÉNONCIATION DU SYSTÈME COLONIAL

Un barrage contre le Pacifique porte l'engagement de son auteure. On y découvre en effet la critique du système colonial à laquelle se sont livrés de très nombreuses personnes déjà avant la Seconde Guerre mondiale. Elles considéraient le colonialisme comme une exploitation injuste et comme la privation des droits fondamentaux des peuples indigènes. Marguerite Duras était une des mieux placées pour dénoncer ce système puisqu'elle l'a elle-même vécu. Son appartenance durant sa jeunesse à la classe la plus pauvre parmi les colons, qui vivait au contact permanent de la population locale, a fait d'elle un témoin privilégié des aberrations du colonialisme. Dans *Un barrage contre le Pacifique*, on trouve ainsi de nombreuses descriptions de l'exploitation menée par les blancs en Indochine :

- il est fait mention à de nombreux endroits du « grand vampirisme colonial », de ce « bordel colossal » entraînant l'inégalité et la pauvreté ;
- le système des concessions est décrit comme un système pourri, occasionnant l'enrichissement de fonctionnaires français cupides et dépourvus de toute humanité. Ce système a engendré la misère parmi les colons mêmes et les a installés dans la peur ;
- l'exploitation des bagnards pour la construction des routes et autres infrastructures nous est présentée à l'aide d'images fortes comme celle de cadavres qui gisent sous les routes édifiées. Marguerite Duras insiste pourtant sur le fait qu'il valait encore mieux être un prisonnier contraint aux travaux forcés qu'un volontaire car, dans le premier cas, on était nourri et sans famille, tandis que dans le second, on devait encore parvenir à nourrir les siens qui logeaient dans des camps où les femmes se faisaient sans cesse violer ;
- le contraste établi entre la description de la plaine de Kam et celle de la ville blanche où vivent les colons les plus aisés tend à montrer l'indifférence de ceux qui s'enrichissent sur le dos des Indochinois. Les Européens se sont créés un « bordel magique où la race blanche pouvait se donner, dans une paix sans mélange, le spectacle sacré de sa propre présence » dans une artificialité complète (p. 135). Et pendant ce temps, les indigènes souffrent et meurent : « Le latex coulait. Le sang aussi. Mais le latex seul était précieux, recueilli, et, recueilli, payait. Le sang se perdait. » (p. 135)

PISTES DE RÉFLEXION

QUELQUES QUESTIONS POUR APPROFONDIR SA RÉFLEXION…

- Deux métaphores filées sont perceptibles dans le récit. Lesquelles ? Quelles sont leurs significations ?
- À votre avis, à quoi Marguerite Duras accorde-t-elle le plus d'importance : son combat idéologique contre le système colonial ou l'histoire de la mère et de ses enfants ? Justifiez.
- En quoi peut-on dire que le rire de l'absurde de Samuel Beckett s'exprime dans *Un barrage contre le Pacifique* ? Décrivez ce rire et donnez deux exemples de son expression dans le texte.
- À quel type de discours a-t-on affaire dans *Un barrage contre le Pacifique* ? Quel point de vue domine dans la narration ?
- Peut-on dire que ce roman s'inscrit dans la tradition du roman psychologique ? Développez.
- Quel usage est-il fait de la répétition dans le récit ? Quel est son but ?
- Quelles sont les significations attachées au diamant et au phonographe ? En quoi ces objets sont-ils symboliques ?
- Expliquez le titre du roman : pourquoi Marguerite Duras a-t-elle intitulé son œuvre *Un barrage contre le Pacifique* ?
- Quelle image de la femme le récit nous donne-t-il ? Comparez les différents personnages féminins.
- Que symbolisent les différentes voitures présentes dans le roman ?

- Comparez ce roman à d'autres œuvres de Duras comme, par exemple, *Iroshima mon amour* ou *India Song*. Qu'est-ce que son écriture a de particulier ?

POUR ALLER PLUS LOIN

ÉDITION DE RÉFÉRENCE

- Duras M., *Un barrage contre le Pacifique*, Paris, Gallimard, coll. « Folioplus classiques », 2005.

ÉTUDES DE RÉFÉRENCE

- Guillo G., Un barrage contre le Pacifique. *Marguerite Duras*, Paris, Hatier, coll. « Profil d'une œuvre », 2004.
- Vincent J.-L., « Dossier » in Duras M., *Un barrage contre le Pacifique*, Paris, Gallimard, coll. « Folioplus classiques », 2005.

ADAPTATIONS

- *Un barrage contre le Pacifique*, film de René Clément, avec Silvana Mangano et Anthony Perkins, 1958.
- *Un barrage contre le Pacifique*, film de Rithy Panh, avec Isabelle Hupert et Gaspard Ulliel, 2008.

SUR LEPETITLITTÉRAIRE.FR

- Fiche de lecture sur *L'Amant* de Marguerite Duras
- Fiche de lecture sur *Le Ravissement de Lol V. Stein* de Marguerite Duras

Retrouvez notre offre complète sur lePetitLittéraire.fr

- des fiches de lectures
- des commentaires littéraires
- des questionnaires de lecture
- des résumés

ANOUILH
- Antigone

AUSTEN
- Orgueil et Préjugés

BALZAC
- Eugénie Grandet
- Le Père Goriot
- Illusions perdues

BARJAVEL
- La Nuit des temps

BEAUMARCHAIS
- Le Mariage de Figaro

BECKETT
- En attendant Godot

BRETON
- Nadja

CAMUS
- La Peste
- Les Justes
- L'Étranger

CARRÈRE
- Limonov

CÉLINE
- Voyage au bout de la nuit

CERVANTÈS
- Don Quichotte de la Manche

CHATEAUBRIAND
- Mémoires d'outre-tombe

CHODERLOS DE LACLOS
- Les Liaisons dangereuses

CHRÉTIEN DE TROYES
- Yvain ou le Chevalier au lion

CHRISTIE
- Dix Petits Nègres

CLAUDEL
- La Petite Fille de Monsieur Linh
- Le Rapport de Brodeck

COELHO
- L'Alchimiste

CONAN DOYLE
- Le Chien des Baskerville

DAI SIJIE
- Balzac et la Petite Tailleuse chinoise

DE GAULLE
- Mémoires de guerre III. Le Salut. 1944-1946

DE VIGAN
- No et moi

DICKER
- La Vérité sur l'affaire Harry Quebert

DIDEROT
- Supplément au Voyage de Bougainville

DUMAS
- Les Trois Mousquetaires

ÉNARD
- Parlez-leur de batailles, de rois et d'éléphants

FERRARI
- Le Sermon sur la chute de Rome

FLAUBERT
- Madame Bovary

FRANK
- Journal d'Anne Frank

FRED VARGAS
- Pars vite et reviens tard

GARY
- La Vie devant soi

GAUDÉ
- La Mort du roi Tsongor
- Le Soleil des Scorta

GAUTIER
- La Morte amoureuse
- Le Capitaine Fracasse

GAVALDA
- 35 kilos d'espoir

GIDE
- Les Faux-Monnayeurs

GIONO
- Le Grand Troupeau
- Le Hussard sur le toit

GIRAUDOUX
- La guerre de Troie n'aura pas lieu

GOLDING
- Sa Majesté des Mouches

GRIMBERT
- Un secret

HEMINGWAY
- Le Vieil Homme et la Mer

HESSEL
- Indignez-vous !

HOMÈRE
- L'Odyssée

HUGO
- Le Dernier Jour d'un condamné
- Les Misérables
- Notre-Dame de Paris

HUXLEY
- Le Meilleur des mondes

IONESCO
- Rhinocéros
- La Cantatrice chauve

JARY
- Ubu roi

JENNI
- L'Art français de la guerre

JOFFO
- Un sac de billes

KAFKA
- La Métamorphose

KEROUAC
- Sur la route

KESSEL
- Le Lion

LARSSON
- Millenium I. Les hommes qui n'aimaient pas les femmes

LE CLÉZIO
- Mondo

LEVI
- Si c'est un homme

LEVY
- Et si c'était vrai...

MAALOUF
- Léon l'Africain

MALRAUX
- La Condition humaine

MARIVAUX
- La Double Inconstance
- Le Jeu de l'amour et du hasard

MARTINEZ
- Du domaine des murmures

MAUPASSANT
- Boule de suif
- Le Horla
- Une vie

MAURIAC
- Le Nœud de vipères

MAURIAC
- Le Sagouin

MÉRIMÉE
- Tamango
- Colomba

MERLE
- La mort est mon métier

MOLIÈRE
- Le Misanthrope
- L'Avare
- Le Bourgeois gentilhomme

MONTAIGNE
- Essais

MORPURGO
- Le Roi Arthur

MUSSET
- Lorenzaccio

MUSSO
- Que serais-je sans toi ?

NOTHOMB
- Stupeur et Tremblements

ORWELL
- La Ferme des animaux
- 1984

PAGNOL
- La Gloire de mon père

PANCOL
- Les Yeux jaunes des crocodiles

PASCAL
- Pensées

PENNAC
- Au bonheur des ogres

POE
- La Chute de la maison Usher

PROUST
- Du côté de chez Swann

QUENEAU
- Zazie dans le métro

QUIGNARD
- Tous les matins du monde

RABELAIS
- Gargantua

RACINE
- Andromaque
- Britannicus
- Phèdre

ROUSSEAU
- Confessions

ROSTAND
- Cyrano de Bergerac

ROWLING
- Harry Potter à l'école des sorciers

SAINT-EXUPÉRY
- Le Petit Prince
- Vol de nuit

SARTRE
- Huis clos
- La Nausée
- Les Mouches

SCHLINK
- Le Liseur

SCHMITT
- La Part de l'autre
- Oscar et la Dame rose

SEPULVEDA
- Le Vieux qui lisait des romans d'amour

SHAKESPEARE
- Roméo et Juliette

SIMENON
- Le Chien jaune

STEEMAN
- L'Assassin habite au 21

STEINBECK
- Des souris et des hommes

STENDHAL
- Le Rouge et le Noir

STEVENSON
- L'Île au trésor

SÜSKIND
- Le Parfum

TOLSTOÏ
- Anna Karénine

TOURNIER
- Vendredi ou la Vie sauvage

TOUSSAINT
- Fuir

UHLMAN
- L'Ami retrouvé

VERNE
- Le Tour du monde en 80 jours
- Vingt mille lieues sous les mers
- Voyage au centre de la terre

VIAN
- L'Écume des jours

VOLTAIRE
- Candide

WELLS
- La Guerre des mondes

YOURCENAR
- Mémoires d'Hadrien

ZOLA
- Au bonheur des dames
- L'Assommoir
- Germinal

ZWEIG
- Le Joueur d'échecs

Et beaucoup d'autres sur lePetitLittéraire.fr

© **LePetitLittéraire.fr, 2013. Tous droits réservés.**

www.lepetitlitteraire.fr

ISBN version imprimée : 978-2-8062-1415-7
ISBN version numérique : 978-2-8062-1900-8
Dépôt légal : D/2013/12.603/252